# IN THE WILDERNESS

40 years of lyrics and poems

Robert M. P. Thomas

ISBN: 9798433855137

Cover design by: Art Painter
Library of Congress Control Number: 2018675309
Printed in the United States of America

# CONTENTS

# INTRODUCTION

From the author:

Welcome to this selection of song lyrics and poems that I have had the privilege to put together for you. These words have been written over a period of over 40 years.

Some have been released as songs, some remained on demo tapes, some were meant as poems and some just remained on paper. There are more, many more, but I thought that these 50 would be a good cross selection of my work. It is possible that in the future I will release more of what I have written, if I get to sorting them out from the mountains of scribbles and printouts.

As you will see, most of what you will be reading is written in "song" form, with a repeating chorus between the separate verses. Some are written in Patois, some in English. Some I have adjusted slightly so that they may be more understandable to the reader. There are 3 main sections: "Conscious Vibes": these are lyrics that touch the livity of Rastafari as well as socio economic and political issues. The "Love Chronicles" is a selection of love songs and poems and "Dancing Mood" are just a few songs about fun in the dance (party).

As mentioned above, some of these songs were released. They can be found when you search for the "Inamix – Restore Jah Order" album on your preferred platform.

"Help Them" was a theme song written by yours truly for a charity event for East Africa in 2011. It was never released but the video can be found on YouTube if you search for "Help Them (Arnhem Cares Charity Concerts East Africa 2011 theme)".

I have to send a huge shout out to my younger brother Theodore who published his first book on Amazon and as such inspired me to do the same. Please be so kind as to support him as well: Theodore Thomas – Poems of My Thoughts on Amazon Kindle.

There is one song in here: "Worries in the Ghetto" where I have to give credits where credits are due: I did not come up with that title! Back, around 1990, I was one of the founding members of Inamix, a Reggae band in the Netherlands. There was a fellow singer with us, I only know his first name and not quite sure how to spell it, phonetically it would be: "Anese".

He came up with that punchline as he wrote a song that was called "Worries in the Ghetto". I remember the melody and I remember the punchline which was: "worries in the ghetto's just a piece of life". I don't remember the rest of the lyrics but later in life, I added my own lyrics to that very, very powerful punchline. All credits go to him for that title.

Well, without further ado, enjoy your read and thank you for your support!

Jah Bless.

R aise Rasta Raise this Nyahbinghi drum! Chant Rasta Chant a Nyahbinghi song!

# Conscious Vibes

# CHANT NYAHBINGHI

It is the warrior heart Iniversally

Mek we chant Nyahbinghi Chant Nyahbinghi

We nah dress back from the fallen one

Cause we chant Nyahbinghi Chant Nyahbinghi

Your new world order will try fi tek over

But we Chant Nyahbinghi Chant Nyahbinghi

We didn't reach so far to now surrender

So we Chant Nyahbinghi, Chant Nyahbinghi

Chant Nyahbinghi, Chant Nyabinghi now

Chant Nyahbinghi, Chant Nyabinghi

More times when me talk dem nuh waan me fi seh, seh weh me a seh

But Jah know seh mi na go silent so me a go talk bout it anyway

If me fi lick out against the system each and every single day

Ah so it just ago go cah if me nah seh nothing me a betray

Dem seh fi dem system it is here now and it is here to stay

Mi tell them King Selassie I is going to wipe it away

Me hear dem laugh and a say that His Majesty is not here today

So me look pon tornado, earthquake, solar flare and Hurricane
And then I
Chant Nyahbinghi, Chant Nyabinghi now
Chant Nyahbinghi, Chant Nyabinghi

It is the warrior heart Iniversally
Mek we chant Nyahbinghi Chant Nyahbinghi
We nah dress back from your Baphomet - illuminati -
Cause we chant Nyahbinghi Chant Nyahbinghi
Your new world order will try fi tek over
But we Chant Nyahbinghi Chant Nyahbinghi
We didn't reach so far to now surrender
So we Chant Nyahbinghi, Chant Nyahbinghi

Chant Nyahbinghi, Chant Nyabinghi now
Chant Nyahbinghi, Chant Nyabinghi

So you set up your system of world rule on Apollyon's foundations
You think he'll give you the world mek you rule every nation
For the poor, the sick and the innocent you have no destination
But to be your slaves in your sick imagination
But I know the Samson slew the Philistines with a donkey jawbone
Menelik with Jah up front, annihilate the Pope of Rome
So you think you done have it all hold well tight ina yuh hand
Membah seh is Good over evil ina thisya Amagideon

And then I chant
Chant Nyahbinghi, Chant Nyabinghi now

Chant Nyahbinghi, Chant Nyabinghi

# DIFFERENT

Because we're different you say we're guilty
While your innocent mash up this country
Said we're different that's why we're guilty
While your innocent a ruin the city

You a fight ghetto youth weh a thief one dime
What about the white collar crime?
Hard labour for the man weh a sell some weed
All him know him have some pickney fi feed
While some a dem deh ina big hotel
Shipload hard drugs a go buy and sell
Hear bout the youth dem a carry nuff gun
Which part dem a get it when we no mek none
Politician done set up fi dem pension plan
No one ask weh the money come from
No questions raised bout the big mansion
The Benz and the Bimmer and the whole heap a land
BP get away with their pollution
All that oil weh deh spill ina the ocean

CEO get handed fi him resignation
And a bonus check of a few million

Because we're different you say we're guilty
While your innocent mash up this country
Said we're different that's why we're guilty
While your innocent a ruin the city

Tru me nah wear no three piece suit
Armani and Boss and snake skin boot
Word from me mouth is like a stone cold truth
Millions are dying while you dump good food
Me farmer stand no chance against your protection
The price of the produce through your market plan
Still you a wonder about the immigration and
You same one cause the situation
Friends in high places will keep you strong
Right what is wrong whatever you've done
Morality a no point of a discussion
Everything copaset when di dollar a run
Don't you dare rise up from outa the slum
Label them a label you a ghetto hoodlum
IRS pon your case till your sore and numb
Better prepare for His Majesty come

Because we're different you say we're guilty
While your innocent mash up this country
Said we're different that's why we're guilty

While your innocent a ruin the city

# GUNSHOT

Blam blam, blam blam
Another gunshot, another youth just drop

Youths of today just a carry nuff gun,
Carry nuff gun think they're having fun
Lick shot thirty-eight and forty-five
This is not a movie me say this is live
Time is getting dreader than dread
Another mother cry nuff teardrop shed
Now Jimmy has been shot down in the street
Oh good God he was only thirteen

Blam blam, blam blam
Another gunshot, another youth just drop

Boom bye boom bye up ina the air
Gunshot a bust in a the atmosphere
Put down your sixteen and your M one
Read up fi ya bible Mark Luke and John
Unity we want in a the Caribbean

If you love unity mek we see all a the hand

All Blackman stand firm stand strong

Busting pure gun ya nah go reach mount Zion


Blam blam, blam blam

Another gunshot, another youth just drop


Everyday me a wonder what a gwaan

We no mek no gun not upon this island

Yet every little fool a carry gun

And who no have no gun say them better start run

Everyday them a lick shot over here

Everyday them a lick shot over there

You fi careful how fi walk and talk

Or you might end up in a body bag


Blam Blam…

# HELP THEM

Help them, help them

Too much people inna the world they are hungry again

Help them, help them

Too much desperate mothers they are crying again

Help them, help them

Too much innocent children they are dying again

Help them, help them

Yuh nuh see it is famine and starvation again

What would you do if it was your child lying in your arms just ready to die

What would you do if it was your child that doesn't even have the strength to cry

What would you do if it was your child lying in the dirt all covered up with flies

What would you do if it was your child in the sun the only shadows are vultures in the sky

Help Them......

When the innocent cry, I cry

When the children die, I die

It is bringing forth tears, from my eyes

And my heart cries... Why Why Why

Help Them....

It is mass starvation

Somalia Ethiopia my African nation

Another generation covered by sand

Buried in blood in my forefather's land

Will it ever end, no man we gotta take a stand

How mi ago siddung an a tell dem seh me care

If mi nah mek no effort if mi nuh ready fi share

The path to your redemption is like a very steep stair

But yuh only enter Zion helping the weak to reach there

Help Them....

The abundance of resources that we have on this earth, enough to feed everyone

Still grain and rice, to maintain a high price, are being dumped inna the ocean

How cold hearted are those politics based on economic consideration

There is no way I will ever understand why millions are dying from starvation

Help Them....

# JAH JAH BLESS ME

Jah Jah bless me Jah Jah bless me
No man cyan curse me

We read up from Genesis to Revelation
Read up all Mathew, Mark, Luke and John
Read up all we Psalms and the song of Solomon
And we know seh day and night we hold a meditation
Some man dem no business caw dem swear by the gun
Everyday dem deh pon a rampampampam
Dem a talk seh dem nuh business with Most High One
But yuh waan see dem a pray when a hurricane come

Jah Jah bless me Jah Jah bless me
No man cyan curse me

Some people wan fi fight me, see dem run go obeahman
Pay whole heap a dollar fi some incantation
Throw salt pon me door an fling oil pon me land
But me cut and go tru caw mi nuh business wid no man
Mi seh lickle aftah dat me hold a meditation

Everything dem fling JahJah just a boomerang

I man a go up and me see dem a go dung

Annah wandah why dem science canna touch di Rastaman

Jah Jah bless me Jah Jah bless me

No man cyan curse me

Me member one time mi did deh wid a wicked woman

Naturally me never know seh sheda stay so from day one

Caw if me did a know there would be no relation

Now me overstand why she come on so strong

She throw sinthing inna me food want come hold I man

But she never realize I man a God bless one

So when the thing nuh work she drown inna desperation

And when me move out with Shana seh she turn Christian

Jah Jah bless me Jah Jah bless me

No man cyan curse me

# LIVING IT ALL TOGETHER

Living it all together.....

How many people ago lose them life
If we cyaan find the will to really unite
How many people live in a misery
Caw them change I & I into you and me
How many mother more haffi cry
When she hear annadah one fi her pickney just die
How many nations will all go to war
While don't even know they should be

Livin' it all together...

All my people Unite we gotta stop all this fight
Selassie I know she we nah live right
We have to stop all the evil and put it to flight
Fight against satan with all a we might
Do what is right in Haile Selassie I sight
There will be no more darkness there will be no more night
Love all ya Idren don't you be impolite

And chant with I & I..

Livin' it all together...

# MR VATIGONE

You Mr. Vatigone, where you gonna run,
Where you gonna run, when the fire ago burn

You have some bwoy preach celibacy,
Preach celibacy but them a trouble pickney
You have some bwoy preach celibacy,
Preach celibacy but them a trouble pickney

Now me see you a walk in a long tall robe
Long tall robe, yuh waan favour the pope
Now me affi wonder if a dope you a smoke
Or maybe some coke for you're a criminal bloke

You Mr. Vatigone, where you gonna run,
Where you gonna run, when the fire ago burn

Selassie I know Rastaman nah support it
We bun fire pon it, red hot we a fan it
When Jah Jah tell the world mek the children come to me
Him never tell yuh seh fi go ina them brief

Bwoy yuh sick in a yuh head, yuh a wicked smaddy
Fire ago burn yuh in a eternity
Come outa yuh church, for the lightning ago strike it
Seh Thunder ago clap it and fire ago light it

You Mr. Vatigone, where you gonna run,
Where you gonna run, when the fire ago burn

The fi lock you up fi life becah you is a criminal
Your leaders too for them too hypocritical
They will cover your back while you a do the wrong
Behind those iron bars the whola unno a belong
Fi unno policy seh, you nuffi touch no woman
So now unno abuse of the innocent ones
Unno paedophile tendencies a come out strong
That's how me know that the Vatican gone

You Mr. Vatigone, where you gonna run,
Where you gonna run, when the fire ago burn

# NO BADDA THAN JAH

No man no badda than Jah Jah
No man no badda than Jah

38 and 45, nuff lickle youth just a lose fi dem life
M16 and even Magnum, but when Jah Jah lick di fire seh the baddest man run

Emperor Selassie have the biggest machine gun
Anti Christ Mussolini affi get up and run
There is nothing new mi seh under Jah sun
Raise Rasta Raise thisya Nyahbinghi drum
Chant Rasta Chant thisya Nyahbinghi song

Fire Bun, Fire Fire
Fire Bun, Fire Fire
Fire bun,
Cyaan out with water

No man no badda than Jah Jah
No man no badda than Jah

You see Joshua fit the battle of Jericho

And David slew off all the Philistines

Menelik fit the battle of Adowa

Run the Pope a Rome outa Ithiopia

And so when Moses come outa Egypt and cross the Red Sea

Lead all his people out of Slavery

Mass Pharaoh and his army of thousands of men

Follow behind Moses but Jah Jah drown them

So I know yes I know that

No man no badda than Jah Jah

No man no badda than Jah

AK 47 and the big magnum

Now weh yuh ago do when a hurricane come

Build your house pon the sand said it must fall down

You live by the gun and by the gun you will be done

Trumpet did a sound Jericho wall fall dung

You think it couldn't happen anytime Jah seh him done

There is nothing new mi seh under Jah sun

Raise Rasta Raise thisya Nyahbinghi drum

Chant Rasta Chant thisya Nyahbinghi song

No man no badda than Jah Jah

No man no badda than Jah

# CYAAN TEK DI PRESSURE

We work hard fi we pay then dem tek it away

Dem nuh care how we survive from day to day, A mi seh Woe Woe
Woe

Pickney belly empty you hear dem a bawl

Helpless parents have their back against the wall, A mi seh Woe
Woe Woe

When di landlord a come we affi lock the door

Caw we cyaan afford to pay the rent no more, A mi seh Woe Woe
Woe

You see daddy a mourn a mumma a wail

Everything them try it is bound to fail, A mi seh Woe Woe Woe

Caw we cyaan tek the pressure ina Babylon

Cyaan tek the pressure no more

Yuh see the dollar a raise and everything gone up

Caw the government policy is one big flop, A mi seh Woe Woe Woe

You see police and gunman walk hand in hand

And the final victim is the poor man, A mi seh Woe Woe Woe

Tell I who is here to protect the poor

Everywhere you go you buck up on a closed door, A mi seh Woe Woe Woe

When I look upon the current situation

Only rich man pickney get good education, A mi seh Woe Woe Woe

Caw we cyaan tek the pressure ina Babylon

Cyaan tek the pressure no more

# SO JAH JAH SEH

I & I shall be the shield upon thy left and sword in thy right hand
So Jah Jah seh, so Jah Jah seh

I & I shall for Iva trod amongst thee, even in Rehab and Babylon
So Jah Jah seh, So Jah Jah seh

Oh I & I nation, I & I beg thee do as I & I command
So Jah Jah seh, So Jah Jah seh

All the heathen shall flee before thee when thy raiseth thy right hand,
So Jah Jah seh, so Jah Jah seh

I & I beg thee to look upon Shadrach Mesach and Abednigo
Who were thrown in the fire but never get burn
Then again I & I point out Daniel in the Lion's den
When Daniel knew Jah Jah would never never fail him
Even Judas Maccabee who put his trust in Jah
And then defeated the legions of Antiochus of Syria
So in this time I & I must stand strong

For I & I is here to crumble the walls of Babylon

I & I shall be the shield upon thy left and sword in thy right hand
So Jah Jah seh, so Jah Jah seh

I & I shall for Iva trod amongst thee, even in Rehab and Babylon
So Jah Jah seh, So Jah Jah seh

Oh I & I nation, I & I beg thee do as I & I command
So Jah Jah seh, So Jah Jah seh

All the heathen shall flee before thee when thy raiseth thy right hand,
So Jah Jah seh, so Jah Jah she

I recall the times of the battle of Adowa
When the beast come to invade the Holy land
But Jah covenant it is with Ithiopia
Those demons defeated return empty hand
I remember His Majesty spoke at the league of nations
HIM tell them to act or feel the pain
And when they turn their back on Ithiopia
They find their whole wide world in a strain

My brothers, My sisters
Hear what Jah Jah seh
Do right, live clean
If you know what I mean
And I mean you do what His Majesty says

XL

To do His works always

Never never go astray

So Jah Jah seh

# RESTORE JAH ORDER

Emperor Selassie I will lead the way,
No matter what the heathen do no matter what they say
His Imperial Majesty I & I will never betray
The heathen laugh while they all go astray

Mr. Babylon come affa mi plan
Mi seh Mr. Babylon leggo mi hand
Mr. Babylon you affi respect Jah Rasta
Emperor Selassie I is Earth Rightful Ruler

Yet you comma comma comma with your gravalicious self
See you comma comma comma with your gravalicious self
Why you dis the father with your evilous ways
Betta know that Jah judgment is what you soon have to face

Jah create this world in a natural order
Selassie I is first and all mankind after
But you have some people weh no respect the Creator
So Rastaman has come to restore Jah Order
I said the Rastaman has come to restore Jah Order

The Binghiman has come to restore Jah Order

The Boboman has come restore Jah Order

Twelve tribes have come to restore Jah Order

Orthodox have come to restore Jah Order

Bongoman has come to restore Jah Order

All Rasta house have come to restore Jah Order

I & I have come to restore Jah Order

We nuh waan, we nuh waan, no new world order

Waan the truth and the right of the Nyahbinghi Order

We nuh waan, we nuh waan, no new world order

Waan the love and the light of the Boboshanty Order

We nuh waan, we nuh waan, no new world order

Affi come together to Restore Jah Order

We nuh waan, we nuh waan, no new world order

Caw Selassie I the First is Earth Rightful Ruler

# CIVILIZATION

Civilization I man got it ina Africa
Civilization that is where I man start
Civilization I man seh forward Ithiopia
Civilization got to find out what was taken

People we need to reason bout this
Bout what happen to I & I nation
For thousands of years them have us down here
While I & I is from creation
All the things tell I bout I man past
Is just a Iropean invention
According to them all history start when
Colombus start world navigation – imitation-
Now I & I reveal to thee, he was
The final blow to civilization
Like all the ones that came before him
He only brought death and destruction
So in this time I need to forward
The Istory of the first generations

The building of cities and towns
The complete absence of their aggression

Civilization I man got it ina Africa
Civilization that is where I man start
Civilization I man seh forward Ithiopia
Civilization got to find out what was taken

Got to tell you bout the great cities of old
With advanced water preservation
Also the fields where we used to grow our food
Subject to professional irrigation
You surgeons and doctors and dentists
All part of this great amalgamation
With writers and also philosophers
The practice of herbal professions
The building of the great pyramids
Was a complete architectural perfection
The university town of Thebes
Was the greatest place for education
So my people look out to Africa
And prepare for repatriation
Let us look upon Ithiopia
With gratitude and acceptation

Civilization I man got it ina Africa
Civilization that is where I man start
Civilization I man seh forward Ithiopia

Civilization got to find out what was taken

# GOT TO REVEAL

I got to reveal, I got to reveal,
All the truths that were hidden I man got to reveal…

Why them never tell I & I what is hidden behind their doors
Why them never tell I & I what I & I need to know the most
Why them never tell I & I the truth of their wicked plan
Why them never tell I & I bout how them want to control I man
It is all laugh and smile and a champaign toast
About all the nations they destroy you can hear them a boast
I & I know His Imperial Majesty HIM sit down pon His throne
And when HIM raise him right hand all the wicked them a moan

I & I know their evil empire will soon crumble
And all the leaders of their nations will soon tumble
I see them go down into that deep and bottomless pit
For when I & I open I & I mouth it is fire Iya spit

Why them never tell I & I about the crimes they did commit
Why them never tell I & I why them never legalize it
Why them never tell I & I about all the children they have slain

Why them never tell I & I about all the people them did a maim

Why them never tell I & I about all the woman them did rape

Why them never tell I & I about what them hide behind that drape

Why them never tell I & I that all the gold they rob is mine

Why they just tell I: Move along chap, everything is fine

I got to reveal, I got to reveal,

All the truths that were hidden I man got to reveal...

# KING SELASSIE I

King Selassie I, will never never never never fail I&I, (I know that)

King Selassie I, will never never never never fail I&I

He is King of Kings and Lord of Lords, He is the Conquering Lion of Judah

Revealed to I&I in His Birth, descended from Solomon and the Queen of Ithiopia

That is Sheba

Oh Master of Legions, physical presence of the Irator in this Iwa

Shower I&I with Thy blessings and I&I enemies I&I will conquer

King Selassie I, will never never never never fail I&I, (I know that)

King Selassie I, will never never never never fail I&I

King Selassie I, will never never never never fail I&I, (I know that)

King Selassie I, will never never never never fail I&I

Guide I&I through trials and tribulations and even the rejections of all the nations

Thy Name I&I will glorify and I&I will bun the fire pon them & those who praise Apolian, which is Satan

The truth will stand, for it is Thy that commanded Moses The

Rastaman to write it down

To preserve it through time for the benefit of man even in this generation

King Selassie I, will never never never never fail I&I, (I know that)

King Selassie I, will never never never never fail I&I

King Selassie I, will never never never never fail I&I, (I know that)

King Selassie I, will never never never never fail I&I

# RED EYE

Red eye, when I see them in the morning
Red eye, when I rest my head at night

Politicians keep on fighting against the youths of today
Don't want to hear their cry, don't want to hear what they say
They feel they've got a license to judge right from wrong
To fight against the youths but the youths them to strong
World leaders of today, they maintain their plan
To fight against the youths with their brainwash education
But the youths of today their vision is strong
They want a better living, want some recognition

But the fittest of the fittest shall survive
World leaders you already had your life
Come on and give the youths a little chance
Cause after you they are the next generation

Red eye, when I see them in the morning
Red eye, when I rest my head at night

When I listen to the media I hear them say

How the youths them so bad how the youths them a stray

But look into yourself and riddle me this

If the youth them so bad whose fault it is

You don't give them no perspective for no better life

All you do is just war and strive

Now this is the example that you set for the youths

And if they do what you do you call them no good


But the fittest of the fittest shall survive

World leaders you already had your life

Come on and give the youths a little chance

Cause after you they are the next generation


Red eye...eye...eye...eye


Now if you give them no education

How could they ever lead this nation

You're telling me that the youths them bad

But it's you that drive them mad

You drive them mad you drive them mad

And you're bawling out that the youths them bad

It makes me sad it makes me sad

How you drive the youths them mad

You better set an example man

Set a better example

For the youths them fi follow man

Caw them fi take over

# WORRIES IN THE GHETTO

Worries in the ghetto is a part of life
Worries in the ghetto where poverty is rife

Ghetto youths try their best to rise outa the slum
Politicians them a fight and try fi hold dem down
Next thing you know ghetto youth pick up a gun
Now the whole place living in fear and some
Bullets dem a fly while the birds dem gone
Every man, woman child affi bow down to the don
Him a run things caw the government siddung
Mek dem kill off one aneddah till it over and done

Ghetto youths don't remember the meaning of fun
Them will kill off a man dead just fi test fi dem gun
Just fi mek a point them will bun ya house dung
Sniper shot you outside if you ever try to run
Dem no business if a ya granny or ya dawta or ya son
Dem gunman dem no member what is right from what is wrong
Now dem have dem piece dem feel so big and strong
Only time dem a hide is when the hurricane did come

Worries in the ghetto is a part of life
Worries in the ghetto where poverty is rife

Mama lock the door caw the landlord a come
Rent cyaan pay, him want compensation
Me lickle twelve year old sister is him proposition
But she done deh a country caw we know fi him plan
The man a get mad start to beat up me moddah
Me tek up me ratchet and cut out fi him liver
Next thing me know fi him blood all over
Last thing him seh…. Lawd Jesus Christ…MURDER!!!

Now me deh a hide seh me deh pon the run
Me picture hang up big in a police station
Wanted for murder of a decent honest business man
But me far undercover dung a Accompong
Till me visa ready me fly gone Grand Cayman
But over there dem no wan see no Jamaican
Me get a work pon containership me reach England
Never ever to return to me lickle island

Worries in the ghetto is a part of life
Worries in the ghetto where poverty is rife

# For Those With Overstanding

The Icept of I&I, Jah Rastafari,
it is not to do unto the next I
what the I don't want the next I to
do unto the I

~One Love~

# WEEP YE NOT

There'll be days of sorrow
There'll be days of pain
But weep ye not my Idren
Rastafari will bless you again

So many years of persecution
And still we deya
So much violence and disruption
And still we deya
Oh Idren this struggle could soon be over
If we could just Inite according to the Icept of I&I
Jah Rastafari, it is not to do unto the next I
What the I don't want the next I to do unto the I, so Inite

There'll be days of sorrow
There'll be days of pain
But weep ye not my Idren
Rastafari will bless you again

Seven time rise me seh seven time fall

Breddah know yourself before you're back against the wall

Open your heart for when His Majesty call

For the livity of the Father is for one and all

Yuh have some people only deal with negativity

Half a cup a rice to them is half empty

See a smile pon me face want to grudge me

But all weh me do is to accept my destiny

There'll be days of sorrow

There'll be days of pain

But weep ye not my Idren

Rastafari will bless you again

Me coulda live my life ina lamentation

Coulda drown myself ina frustration

Coulda walk screwface and grudge a next man

Why should I question The Almighty One, no badda

Siddung and fret bout ya situation

Give Ises to Jah and set up your plan, put your

shoulder to the wind and decide to be strong

Caw when Jah is by your side you cannot go wrong

There'll be days of sorrow

There'll be days of pain

But weep ye not my Idren

Rastafari will bless you again

I&I know the Glory is amongst I&I

LXIV

That's why we deya

I&I know they could never conquer I&I

That's why we deya

From generation to generation

When one gone another one come, I say

I&I know that the Good Jah Rastafari

Will soon provide a much better day

There will be days of sorrow

There will be days of pain

There will be days of mourning

There will be days of praise

There will be days of sorrow

There will be days of pain

But Weep ye not I&I Idren

Our trust in Jah will never be in vain

# REPARATIONS

We have to get our Reparations

We've been down here for much too long

Been taken away from our motherland

To work on their plantation, chain gang..

What is the value of twenty five million lives

That were taken from I&I African Nation

What is the value of of four hundred years

Of slaving on their plantation

What is the value of the pain that they have caused

When they mash up I&I family plan

What is the value of all those lives that were lost

Over there on the Atlantic Ocean

We have to get our Reparations

We've been down here for much too long

Been taken away from our motherland

To work on their plantation, chain gang..

They built their White House and their Buckingham Palace

Over the sweating backs of the Black man

Their Pound and their Dollar have a strong back up

Through the Gold that belongs to the Africans

The multi national companies that they own

Have their roots in long term exploitation

So Africans at home and abroad, let them know

Right now, that the dollars affi run

We have to get our Reparations

We've been down here for much too long

Been taken away from our motherland

To work on their plantation, chain gang..

# WHERE DO THE CHILDREN PLAY

Where do the children play
Everywhere is a concrete jungle now
Where do the children play
Everywhere is a concrete jungle now

Used to play down a cornfield
Right now there is a battlefield
Used to play down at the seaside
Right now there is a high rise
Used to play down at the old fort
Right now there is a new resort
Even at the playground
In this time it isn´t sound

Where do the children play
Everywhere is a concrete jungle now
Where do the children play
Everywhere is a concrete jungle now

Watcha man watcha man a rampampampam
Poor children have no place in this nation
There's no place to play for them in an open land
Bare fence, bob wire and security plan
Not everyone can afford to buy them a PlayStation
Not everyone can afford Internet connection
And altogether that's not healthy for their situation
They will wither away ina isolation

Where do the children play
Everywhere is a concrete jungle now
Where do the children play
Everywhere is a concrete jungle now

All them now is siddung in front a television
Behind computer them call it messenger dot com
Talk to some cyberspace creation
Down know if a man or if a woman
Don't know if a criminal or even a bad man
They're assuming it's a friend from another nation
While it could be Jack the Ripper all the way from London
Or a rapist weh a prey pon a innocent one..

Where do the children play
Everywhere is a concrete jungle now
Where do the children play
Everywhere is a concrete jungle now

LXX

# BURN DEM

I&I come fi burn down di walls of Babylon in this time

No time to run no time to hide Selassie I gate is now open wide

Come on children..

Selassie I hear I and I, and give I the strength to fight by your side

Against the evil forces of Babylon, we fi crumble the walls of Vatican

Fire burn fi di pope and fi di world leaders, Babylon the whore affi get trampled

ina disya time we fi set an example, Selassie I children we are willing and able

Selassie I is I sword and I spear and I shield, Give I the Word to enter this battlefield

Brimstone and fire pon de wicked dem head, Like a thief in the night catch dem in dem bed

Nowhere to run nowhere to hide cyaan save dem life, Too long they've been teaching us war and strive

The sea ago boil and the rock dem ago melt, For yuh cyaan bribe Selassie I with all a yuh wealth

I&I come fi burn down di walls of Babylon in this time

No time to run no time to hide Selassie I gate is now open wide

Oh, Selassie I, guide I and I on I and I way, oh mighty Father, give I strength to face another day

Corruption and disruption is all I see, Discrimination and frustration just a follow me

Stand by my side with your rod of correction, For I and I deh pon a serious mission

Forward all of Selassie I children, Drive the wicked dem back into their dungeon

Those caveman of old now a rule disya world, Same thief weh tek weh all me diamonds and pearls

Mek all gun and bomb and nuclear, Have the whole wide world living in fear

But yuh see I and I coulda neva fraid a dem, for I and dem coulda neva be friend again

For Selassie I will always lead the way, Selassie I children prepare for the day

I&I come fi burn down di walls of Babylon in this time

No time to run no time to hide Selassie I gate is now open wide

Oh Selassie I give I the strength to carry on, The race is not for the swift neither for the strong

Endurance and perseverance is what we need, In this struggle got to stay firm upon yuh feet

Mental slavery ah just dat we affi defeat, Self-conscience and confidence a tek di lead

Won't be defeated twice in the race of life, Affi win before the start affi tek first price

From when Selassie I is there by I and I side, the wrong can neva win over the right

Cyaan fight Selassie I with no gun and no knife, Thunder, lightning and fire is on our side

Eyes red like fire every man affi humble, the wicked dem fall and the wicked dem a stumble

A fi dem God is gold with two feet of clay, we are like the rain fall that will wipe dem away


I&I come fi burn down di walls of Babylon in this time

No time to run no time to hide Selassie I gate is now open wid

# ZION GATE

Cyaan pass through Zion gate
With an evil heart
Cyaan pass through Zion gate
If you no know who is Lord

Lose yourself to false pride, hatred and vanity
That nuh pretty in the sight of The Almighty
The life of every man is surely holy
So who are you to take it so violently

Have you no love, no respect nor no decency
To even kill in the name of the Almighty
The moon will cry blood and the sea hot a steam
The son of the morning will collect his fee

You still rape loot and kill my people daily
And your greed has devoured your humanity
Your hatred has slaughtered your sanity
Mussa a demon control your activities

You´re so weak, so selfish and even blind to see

That the road that you trod leads to misery

For when Jah raise HIM right hand it will surely be

The end of the days for the devil´s army

Cyaan pass through Zion gate

With an evil heart

Cyaan pass through Zion gate

If you no know who is Lord

# HAIL TO THE QUEEN

Hail to the Queen of Mount Zion I
Next to His Majesty Jah Rastafari
Empress Menen who sits by His Majesties side
The Heavenly Mother to all of I and I

Ithiopia stretch forth Her hand unto Jah
Ithiopia the heart of Mama Africa
That is where this Man was born
Hail Selassie I in His earthly form

Raise thy hands unto the sky and praise
Trod along upon the King's Highway
Chant and make a joyfull noise
May the heavens hear thee and rejoice

May Jah blessings be with thee abundantly
May Jah children live long and be free
Alpha is King - Omega is Queen
The Scriptures revealed for the world to see

Empress Menen, oh Mama Menen,
In thee the seed of Judah has grown
The lineage of His Majesty's own
The fullness of King David's Throne

Hail to the Queen of Mount Zion I
Next to His Majesty Jah Rastafari
Empress Menen who sits by His Majesties side
The Heavenly Mother to all of I and I

Ises and more Ises
to the Incient of Days who is the wisest
Irator of Heaven and Earth
King Selassie I the Ruler of this world

One with His Empress by His side
There is no day where there is no night
Alpha and Omega is One
This is from when time began

Empress Menen, oh Mama Menen,
In thee the seed of Judah has grown
The lineage of His Majesty's own
The fullness of King David's Throne

Empress Menen, oh Mama Menen,
In thee the seed of Judah has grown

The lineage of His Majesty's own
The fullness of King David's Throne

Hail to the Queen of Mount Zion I
Next to His Majesty Jah Rastafari
Empress Menen who sits by His Majesties side
The Heavenly Mother to all of I and I

# I KNOW

I know that dem coulda nevah know – Jah Jah

So much youth on the street have no food to eat
No school to attend not even a dime to spend
Me pickney fi dodge bullet fi get education
And gunman kill off baby asleep in them pram

Pure madness me see a cover all over the land
Right now dem wan legalize everything that is wrong
All over the land dem a promote fi dem plan
That evil poison a spread from the European

Murder and rape is the order of every single day
Some bwoy nuh ave no heart nuff a dem just a stray
Gun and knife afi dem company throughout dem life
Saying prayers to the devil every morning dem rise

Yuh see Badman and Police dem a roam the street
Dem a shoot off every puss, dog and rat dem meet
Undah the bed seh me family affi go sleep

When bullet start fly and boardwall nah mekkee

I know that dem coulda nevah know – Jah Jah

The bigga heads keep the people ina poverty
Work a get harder and salary decrease
Jah Jah know this is a modern day slavery
The whip is gone but I man still don't free

While the politician arrange them retirement plan
Couple three story house and some big piece a land
A big bank account way down ina Switzerlad
Even Luxembourg, Bahamas, you name it man

Police mek a living offa corruption
Stop me car an tell me "gimme a lunch money nuh man"
Shoot a youth pon me ends and put gun in him hand
Him would never dare come near a real bad man

Next thing I&I observe and see
So much woman a breed and dash weh belly
Garbage pan a grave fi dem lickle baby
Adoption could have been an option yuh see

I know that dem coulda nevah know – Jah Jah

# CHILDREN CRYING

Why do the children need to die
Why do the children need to cry
In this world of mass development
Never they protect the innocent

Oh Jah, I see vultures in the sky
Waiting for this little baby to die
Who's mother perished from hunger and thirst
Belly bang belly bang..... belly burst

Same downpressors from old
Rear their ugly faces so bold
Causing mass starvation and genocide
Carrying darkness where there was light

You see the eagle is now going to war
Claiming it is righteousness they're fighting for
All those weapons of great sophistication
Billions of dollars spent on mass destruction

Couldn't they spend it on mass construction
To alleviate this dreadful situation
Save the children from certain starvation
Never ever let them die in desolation

Why do the children need to die
Why do the children need to cry
In this world of mass development
Never they protect the innocent

Oh Jah it hurts my very soul
To see how the world has gotten so cold
Not to care for a hungry child
Left out there to die out in the wild

And the leaders with their greedy minds
Have turned money making into their science
Their whole country could be a grave
As long as their palace and their money are safe

They don't care about the future generation
Don't care about this war and destruction
Don't care about this mass starvation
No they don't care about the little children

Now I got to sing this song to remind them
That eventually it will catch up with them

What goes around Jah know it will come around
Unleash the Power of I & I Word Sound

Why do the children die
Why do the children cry
In this world of mass development
Never they protect the innocent

# IN THE HILLS

In the hills where the Rastaman chant
And the chalice a burn all through the night
Where we chant and praise Fari
Until lightning flash up in the sky

But I'm glad to say I'll be on my way
To Mount Zion one joyful day
Who no ready will have to stay
In a Babylon nuff a dem ago stray

But me nah stay ina Babylon
Them take me continent gimme small island
Say me nah stay ina Babylon
Ethiopia awaits Jah Jah Holy Mount Zion
Bwoy if yuh nuh ready yuh ago left behind
Ina Babylon now weh yuh ago find
Me know some people really don't mind
Caw dem and the devil dem are one of a kind

Is from way back when Jah Jah give I a sign

To seek out the livity of Jah Rastafari

Stop search for some god way up in the sky

And face His Majesty Haile Selassie I

I man trod the King's Highway with I head up high

Knowing I am there caw I never give up the fight

Always tell my people to stand up for them right

So now I chant a chant of happiness and joy

In the hills where the Rastaman chant

And the chalice a burn all through the night

Where we chant and praise Fari

Until lightning flash up in the sky

But I'm glad to say I'll be on my way

To Mount Zion one joyful day

Who no ready will have to stay

In a Babylon nuff a dem ago stray

# TEACHERS

Emperor Salute to my teachers
The only ones that could reach us
Show us the way until this day
Never forget my teachers

Bob Marley teacher and prophet
Without his teachings I would have never made it
Can't give up the fight, got to stand up for my right
Do what is right in His Majesty's sight
Tell me empress there is no need to cry
Cause everything is gonna be alright
Mind sharp breddah, ambush in the night
Tell them go to hell if what them thinking is not right

Calling out to breddah Peter Tosh
Original stepping razor oh so dangerous
He let me know that there will be no peace
Until there is equal rights and justice
See the one Wailer name Bunny
When him start twang him sound so funny

Still him teach us about this fig tree
Every man has his own place to be free

Emperor Salute to my teachers
The only ones that could reach us
Show us the way until this day
Never forget my teachers

Culture is known to be Joseph Hill
Joseph trod on but him teachings here still
Make sure not to be left out of Zion Gate
Gather together don't be late
Hail up the Elder One Burning Spear
Oh so strong never ever fear
Teach I and I about the days of slavery
Demand of us to remember old Marcus Garvey

Now the teachings will always live on
Even when some of the teachers are gone
Now look upon the younger generation
And pass it on, got to pass it on, on and on
Salute to Count Ossie, Ras Michael, Jimmy Cliff
Albert Griffith, Dennis Brown, Scratch Perry
Malcolm X, Martin Luther King, Marcus Garvey
Prince Far I, Freddy Mac Gregor, Gregory

Emperor Salute to my teachers
The only ones that could reach us

Show us the way until this day

Never forget our teachers

# THE ONE

When you think you've got the one
Another one will come along
When you sure you've got the one
You will find out you are wrong

From generation to generation, we will pass on this mission
Start the reconstruction of our past civilization
But systematic elimination of the leaders of our nation
Strictly one intention, to downpress I and I nation

When you think you've got the one
Another one will come along
When you sure you've got the one
You will find out you are wrong

If you ever check the situation, at the same time
Check out how them set up them plan, in the meantime
Wonder why this road is so long, cause them
Remove the pillars of this foundation
So they kill Bob Marley and they think they've got the one

Them kill Peter Tosh and they think they've got the one

They kill the king Martin Luther and they think they've got the one

Kill Malcolm X and they think they've got the one

Done Paul Bogle and they think they've the one

Murder Sam Sharpe and they think they've got the one

But when one gone another one come

Said when one gone many more come


When you think you've got the one

Another one will come along

When you sure you've got the one

You will find out you are wrong


So, the people need to overstand

To survive we need to learn to walk hand in hand

Need to know that true progress starts once we are one

And our leaders are respected by every nation,

Still, we have come quite a long way

Brotherman I never thought I would ever see the day

When the world sings hip hip hooray

As a black man creates new world history, so


When you think you've got the one

Another one will come along

When you sure you've got the one

You will find out you are wrong

# WEH DEM A DEAL WID

Hold on, wha a gwaan
A weh dem a deal wid?
Hold on, stop that
A weh yuh a think yuh a do?

Dem tek dem chemics dump em ina Africa
And when deh full dem tek it to Jamaica
And when deh full dem carry it to Asia
But dem never left it ina fi dem land

Pollution and destruction cover dem land
Now dem all together start to make a plan
To clean dem air and to clean dem land
Dem dump dem mess ina poor people land

Hold on, wha a gwaan
A weh dem a deal wid?
Hold on, stop that
A weh yuh a think yuh a do?

One morn me peel a mango but it have a funny taste
Lickle did I know how it grow pon toxic waste
Mi find out demya sinting never use ina me land
So mi did fi wonder where this waste come from
Mi come fi realize that this was a government plan
A serious 'mount a money did exchange hand
And a license fi dump the waste ina mi land
Signed sealed and delivered by the government man
Now some pickney start born with only one hand
Some people sick till dem look beyond recognition
Me banana tree dead and me cya plant no yam
Mi orange turn blue and taste like body lotion
Then the fish ina the river dead off one by one
Everyone one ina the area get a shorter life span
The risk of being born ina third world land
The west a use your home as their garbage pan

Hold on, wha a gwaan
A weh dem a deal wid?
Hold on, stop that
A weh yuh a think yuh a do?

# NAH CARE

Some a dem nah care
No dem nah care
Some a dem nah care
Never see dem a share

Dem a trod pon di land ina different fashion
I never really got to overstand
How dem gravilicious and move so wrong
Everything dem do a fi dem same one
Me see dem a move like crab ina pan
Affi really wonder which part dem come from
Whether dem a alien or dem a human
How it a guh go ina di amagideon

Some a dem nah care
No dem nah care
Some a dem nah care
Never see dem a share

Now you've got education and knowledge

But you don't stop to think of the underprivileged
The vexation of a father who can't feed his kids
The grief of a mom about to lose her wits
When baby well sick and can't get attention
Because she can't afford the prescribed medication
No one seems to care for her situation
Every man for himself ah so things a run

Some a dem nah care
No dem nah care
Some a dem nah care
Never see dem a share

The clothes weh dem wear must namebrand
The car weh dem drive must German
Benz and Bimmer ina the latest fashion
Lambourgini pon the side number one Italian
Never consider extending a helping hand
To the ones who suffer most ina the land
The ones who couldn't get an education
Residing in permanent recession

Some a dem nah care
No dem nah care
Some a dem nah care
Never see dem a share

# PARADISE WITHIN

I have seen many countries, been to many places
In my life I've seen many different faces
Sometimes I tell my story of places I have been
And the people are listening I hear them wondering
Why would you want to be here, this place is a drag?
They don't really know what is hidden in the other bag
They see palm trees and sun and long white sand beach
But they can't see the people living in poverty, so I tell them

It is paradise within, yes paradise within
If you're looking for paradise
You got to search for it within yourself

You're still looking for your God way up in the sky
Raise your arms up to heaven and still a wonder why
You cannot seem to get the things that you want
Maybe you should look to what you've already got
My friend if you let me, I will explain this to you
There is a reason for all the things that we go through
Experience teaches wisdom so you live and you learn

Can't miss what you never had so that's of no concern

It is paradise within, yes paradise within
If you're looking for paradise
You got to search for it within yourself

Don't you be down and keep on dwelling on the negative
Open your eyes give them a chance to see the positive
Ask for guidance when you trod on through Babylon
It is the love from within that brings forth redemption
Don't ask Jah why things are never going your way
If you never ask Him why when things are sweet today
Just give thanks itinually for every little thing
Overstand His plan come on and help me sing

It is paradise within, yes paradise within
If you're looking for paradise
You got to search for it within yourself

# MY SWORD

Jah Jah a the sword ina me right hand
And me shield, upon this battlefield
Jah Jah a the sword ina me right hand
A weh me wield, upon this battlefield

Word Sound and Power ammunition weh me use
It a hit them every time it a burn fi them fuse
Babylon a stumble Babylon well confused
For the power of Selassie always win never lose

Dread it ago dreader than dread
Ina thisya time when the earth a run red
My bredren came from far and this is what he said
Beware when them come with microchip inna yuh head

No badda think seh is a joke, no badda think seh is a lie
Many innocent will suffer, many innocent will die
Weeping and mourning and a gnashing of teeth
For the chaff is being separated from the seed

Jah Jah a the sword ina me right hand

And me shield, upon this battlefield

Jah Jah a the sword ina me right hand

A weh me wield, upon this battlefield

Got to wise in this time, need to open your eyes

When them say that it is right you need to realise

That the master that they serve, he is serving you lies

The same one that has fallen has returned in disguise

Cannot be a part of their promoted system

When the system is set to benefit the few

Blinded by greed and lust for power

And the masses, the masses don't have a clue

So how them set it fi we live and how them set it fi we die

While we live they keep telling us of this pie in the sky

All around me I am see the children die

No food in their belly, no chance to survive

Jah Jah a the sword ina me right hand

And me shield, upon this battlefield

Jah Jah a the sword ina me right hand

A weh me wield, upon this battlefield

# TIME

See the signs of time, written in the sky,

Life waits for no one, while we live it, it just passes by

Seasons will come, at the same time they will go

As for tomorrow, we will never know

So hold my hand, Let's walk this road

Let's make a stand

To never let the children, never let the children

Suffer from what we have done

So let's live in love and unity

And build this world for them

Set a better example and all the best we can

Cause life is what we make it

So set it and don't you ever break it

Keep it straight no badda badda shake it

Gotta be one in order to make it

Gotta be one, gotta be one

Gotta be one, gotta be one

Time time-time Time
Is what we leave behind
Time time-time Time
Is what we're gonna find
Time time-time Time
Is what we're passing through
Time time-time Time
Is it the same for me and you?

Time is the master it always has been
Got to get our act together for all those children
Can't keep on living like we really don't care
One day we'll have to answer so people beware

Religious warfare and altercation
Mass genocide in Rwanda and Sudan
Opportunities are given to some chosen ones
Still the colour of a man's skin is significant
Polluting the sea, the air and the land
Global warming is a threat to every nation
Dismissed by economic consideration
Postponed towards the next generation

Time time-time Time
Is what we leave behind
Time time-time Time
Is what we're gonna find

CVIII

Time time-time Time
Is what we're passing through
Time time-time Time
Is it the same for me and you?

# ANGRY HEART

Retract, you can't retract
The words that came from your mouth
The sound and power already released
There is no way for them to come about

Retract, you can't retract
The words that came from your mouth
The sound and power already released
Charging in like a wild beast

Beware a heart filled with vexation
It spews forth venom from the tongue
Careful what you say in anger
It will put your soul in danger

What is broken can never be mended
What is gone, my brother is gone
When your words cannot be defended
So long, my sister so long

Retract, you can't retract…

They say the word is sharper than the blade
Once it is uttered it will be too late
Implications, accusations, insults reverberate
Through the passage of space and time

Forgiven does not mean forgotten
The echoes of your hatred lingering on
Now you realise all what you said
But from within, the core's already rotten

Retract, you can't retract…

They say the drunk and the child
Will always speak the truth
What they have been saying all this while
Is that inhibition in them holds no root

And as such, when a heart that is vexed
It is drunk on hatred and bad intention
Flooding the mouth is now next
With all the grudges that were kept within

Retract, you can't retract
The words that came from your mouth
The sound and power already released
There is no way for them to come about

CXII

# The Love Chronicles

# BE WITH I

Won't you be with I girl
Jah Jah know that it's right
Come and be with I girl
You are the love of my life

Your mama don't like me, and your daddy too
They say I am a poor man, I man no good for you
They say you can do better, then a loving pauper
They say you can do better, find yourself a lawyer

Won't you be with I girl
Jah Jah know that it's right
Come and be with I girl
You are the love of my life

Cause baby girl me love you yes me love you dearly
This I man a beg you now fi sight up clearly
Through me no 'a no money and me burn me sensee
That shouldn't be reason for you to stay away from me
Baby you're my Empress you're my Excellency

Remember when me kiss you under the sycamore tree
Higher than the mountain deeper than the deep sea
Baby girl I need you for eternity
Gonna hold you in my arms gonna hug you tightly
Jah Jah sun a shine for you ever so brightly
Sweet whispers in your ears ever so nicely
Oh baby stay with me and you will never be lonely
Every day of the week say we call that daily
Every night of the year say we call that nightly
Want to kiss your pretty face and your sexy body
Sweet darling never leave me waan yuh stay wid me

Won't you be with I girl
Jah Jah know that it's right
Come and be with I girl
You are the love of my life

Now if you want a warrior
I'll be a warrior for you
If you want a lover
I will be that too
You said you want a strong man
Baby here I am
Said you want a kind man
Babe that's where I stand

Won't you be with I girl
Jah Jah know that it's right

Come and be with I girl

You are the love of my life

# PRESENT

A present a present a present a present....

Sit down one night ina 7-11
See this pretty angel she come straight from heaven
She a eye fi mi style and a show me seh she present
She present she present she present
She join ina me booth and me smell her sweet scent
Ask her where she live she seh Southline Crescent
Fi her number triple five thirty three twenty seven
Raise my eyes up te heaven and give thanks for this present

A present...

We reach a fi mi yard mi seh after eleven
Couldn't really wait for some sweet caressing
Sit down upon me sofa and we start up the kissing
Removal of we clothes right down to the real thing
Excess exercise from eleven till seven
And I mean to say right down till a morning
Ina the living ina the bedroom and even the kitchen

Wake up after ten she do the breakfast in bed thing

A present...

Lickle after that we start up the living
Pretty house, fast car and a couple of children
Now she have me tied she start up the nagging
About she want more money fi buy more clothing
Mi give her what she want but she never relaxing
Give her most of my money but she want the whole thing
She want bare present from now till a morning
Gold chain, chaperita and platinum diamond ring

A present...

When me first see her I thought she was a present
All me know right now that she ever present
Every minute of the day she a beg me more present
A present a present a present
My money ever nuff but now it never present
Me affi spend the whola it a purchase more present
Mind sharp all my bredren when she seems to be a present
A present a present a present

A present...

# SOUL ON FIRE

Girl, you set my soul on fire

Take me in your arms

Bring me higher and higher

Gonna give you my heart

Gonna give you my soul

Gonna give you control

No don't you ever be a liar

Gonna tell you right now

You better take heed

Gotta give me the attention

That you know that I need

I am loaded with passion

Lots of emotion

My hunger for you

Is what some people call greed

Look into your eyes, burning like coal

Gonna lose my mind, gonna lose control

Sweet little lady makes my feelings unfold

In a blink of an eye, I was caught and sold

Excellence permanence
We nuh watch no expense
Just to be with you
I would jump whole heap a fence
On this rollercoaster ride of sweet romance
All my doors are open wide
Welcome into my residence

I've got love, I've got love
I've got sweet sweet love
Yes I've got love, I've got love
I've got sweet sweet love

Girl, you set my soul on fire
Take me in your arms
Bring me higher and higher
Gonna give you my heart
Gonna give you my soul
Gonna give you control
No don't you ever be a liar

# EQUATORIAL SKIES
# (SHORT POEM)

Brightness of stars on equatorial skies

The grace of the eagle as it soars up high

The gentleness of a wave as it caresses the thigh

Wading Negril's blue sea on a warm summer night

Eruption of colours like dewdrops embracing sunlight

Or a breath-taking display of a volcano's might

The singing bird's clearness and sheer delight

Are but a hint I behold..... when you're in my sight

# EXQUISITE

Exquisite
Beauty and Grace
My eyes behold
Looking in your face

No question why
You are a blessing to the eye
Like a shining light
On this dark and moonless night

Just like a pearl
Shaped to perfection
Exclusive in this world
Jah perfected creation

Never make you cry
Never tell you no lie
Through the elements of life
I will keep you dry
Keep you warm and protected

Through the seasons of ice
Your love for my love
That would be my price

Come in to my arms
I will keep you warm
Shield you from the upset
Of a raging storm
I recognize your anguish
And I know you see mine
True devotion for each other
Will conquer all times

Exquisite
Beauty and Grace
My eyes behold
Looking in your face

# I WASN'T LOOKING

I wasn't looking
and then it happen
no I wasn't looking
then I got shot by love

Went through the things nuff people go through
Learned to wear my permanent screw
Learned to focus on the things I need to do
No join up no massive no join up with no crew
Anything come my way I man screechy through
Many or some or even a few
Some will know some don't have a clue
Mind far over yonder where the skies are blue

So I wasn't looking
and then it happen
No I wasn't looking
then I got shot by love

Every woman needs a man every man needs a woman

A so Jah Jah set up this earth
We give Ises to Jah for this divine union
Was the reason for I and I birth
The strength of an empress by I and I side
Warm and loving full of African pride
Is the blessing of Jah Most High Divine
The true essence of I and I

I wasn't looking
and then it happen
no I wasn't looking
then I got shot by love

# HEAD OVER HEELS

Went to this club last Saturday night
Sat at the bar contemplating times
When all of a sudden from the corner of my eye
I saw this little angel she was dressed in white
My imagination started running wild
It must be a fantasy within my mind
My wits playing tricks with my poor eyes
But the vision that I saw was really no lie
Her smile was so warm and tender
She's a natural heart mender
Had to leave my shyness in that corner
Oh Lord I had to walk on over
Could it be there is more to this life?
Could it be this was my future wife?
Could it be Jah send an angel to I?
To be with I till the end of time

Now I just can't help
Loving you – you –you

Said I just can't help
Loving you – you – you

Because I'm head over heels
My poor heart feels
Flesh and blood aren't steel
My love is real

# HEART BREAKER

She said it from the start
That we would surely part
But this little heart of mine
Went for a reward so fine

Now I fell in love with a heartbreaker
This woman is an earth shaker
The Lady is a love maker
One hell of a breath taker

Now she's mine yes she's mine
If only for this moment in time
Yes she's mine yes she's mine
But we know it's just a matter of time

The lady hold me heart and a wan' come drown me
But baby do your part and a run come crown me
The man dem so jealous seh dem wan' come stone me
But I man no business caw me cyan stay lonely
A nuh fi mi fault the whola dem too phony

The daggering and rampin' thing she soon get boring

Romance she wants from a man with feelings

Caressing of her body till she touch the ceiling

We knew from the start that it would never last

So let's make love tonight for the future past

All the good times that we share baby are the best

We're gonna get it on and we ago low the rest

Hennessey and Cranberry and two ounce a cess

Mek me kiss up fi ya body and remove that pretty dress

She nah go feel no way if her hair end up a mess

She a climax after climax couldn't give her nothing less

Now she's mine yes she's mine

If only for this moment in time

Yes she's mine yes she's mine

But we know it's just a matter of time

Now I fell in love with a heartbreaker

This woman is an earth shaker

The Lady is a love maker

One hell of a breath taker

# KNOCKING AT MY DOOR

You're knocking on my door but you can't come in
Knocking on my door but you can't come in
My door is closed now baby
No longer you're my lady
You left me once all alone
You left me once, all by my own
Now you comma running you want a second try
But I can't take another cry

You're knocking on my door but you can't come in
Knocking on my door but you can't come in
My door is closed now baby
No longer you're my lady

I gave you all my love and you took it for granted
You laughed at me made fun of me
Embarrassed me in front of my friends
You couldn't care less about my feelings
You found another and you left me alone
It didn't work out you want to come back home

You're knocking on my door but you can't come in

Knocking on my door but you can't come in

My door is closed now baby

No longer you're my lady

All my love has been in vain

Now I'm standing in the rain

Woman it's my heart that feels the pain

And this feeling it drives me insane

When we started out, I thought this love would be forever

But now I've learned my lesson to never say forever

This pain that I'm feeling is just tearing me apart

You hurt me, walked out on me, now you cry you want come back to me

You're knocking on my door but you can't come in

Knocking on my door but you can't come in

My door is closed now baby

No longer you're my lady

# LONELY

Lonely, oh so lonely
Oh so lonely and feeling blue
Lonely, oh so lonely
But I did what I had to do

I remember the day I had to catch that first plane
It was five in the morning in the pouring rain
Sheriff hot on my heels my shirt sweat stained
Baby the last thing I wanted is to cause you pain
But a man got to do what he's got do
When the pickney dem come to you and bawl fi food
Affi sell a lickle herb mek me family feel good
But baby don't you worry I'll come back to you

Lonely, oh so lonely
Oh so lonely and feeling blue
Lonely, oh so lonely
But I did what I had to do

When times are hard and things are getting ruff

Gotta make that decision and sometimes it's tuff
I'm not a man to wear those handcuffs
Gotta run for my freedom and that's hard enough
Me woman and my kids dem left behind
But twenty-four seven them deh pon me mind
Sometimes late at night I man affi siddung and cry
Remembering the day we had to say goodbye

Cause baby when I left
My heart stayed with you
Now I'm sitting here
Feeling lonely and blue
Never felt a love
So intimate and true
Never want to search again
For someone new

Lonely, oh so lonely
Oh so lonely and feeling blue
Lonely, oh so lonely
But I did what I had to do

# I SENT THE SUN
# (SHORT POEM)

The sun woke up after a chilly night
She felt my thoughts had taken flight
She asked me what she could do for me
I told please visit my love in a hurry
Ride on west and deliver this kiss
Before she wakes and fill her with bliss
Coming from me, shine a warm ray of light
For her, my dream, and fill her with delight

# UNATTAINABLE LOVE

Like a soothing fresh morning breeze
Coming to set my mind at ease
My heart it yearns and it goes out
While my soul searches all about
Wandering the valleys of the loving blind
Grasping about for my one of a kind
Is it, could it, will it ever be?
To find and hold the one for eternity

There is a one, she's way in the west
Whom I know could put my search to rest
Never looked in her eyes never held her hand
But for her I know I would make that stand
Glooming and blooming like a mountain rose
Sheer perfection in eyes, mouth, ears and nose
One to make my head spin like a merry-go-round
One that causes me to make a joyful sound

Delicate beauty like a playful butterfly
A blissful caressing of an astonished eye

Sweeter than the honey of the Jamaican bee
That smile she smiles when she feels happy
Graceful appearance and a perfect shape
Once in her grasp there is no escape
How eager I'd surrender to her amazing smile
For she's worth for anyone to go that extra mile

Angels, they see her and they can't believe
How is it possible when none did leave?
The heavens in which they reside eternally
Still, one is walking the earth apparently
Amongst people of every colour and creed
Yet there she is, a real and true angel indeed
For myself I feel her close and yet so far
Now all I can do is hope to once hold this shining star

# THOSE EYES

Those eyes, those wonderful eyes
Another look in those eyes
For me that would not be wise
For they touch me deep inside

They always say, eyes are windows to the soul
Always took it for granted, but now I really know
Since I looked in her eyes it just made me realize
The depth of feelings and emotions caught me by surprise

Is it grief is it pain is it joy, up to now I couldn't say
But her eyes kept haunting me even when the night had turned to day
Delicate like a baby's cry, heard from far, far away
Still shining like a crystal, hit by the rising sun's ray

Those eyes, those wonderful eyes
Another look in those eyes
For me that would not be wise
For they touch me deep inside

Never ever talked to her, never even said hello
You ask me who she is, I have to tell you I don't know
If you ever meet her, remember I told you so
She'll make your heart melt, like fire does to snow

Now I'm walking along another far and lonely road
Never even stop to think about my heavy, heavy load
The memory of those eyes carved deep within my soul
Can't stop to rest now they tell me to go and reach that goal

Those eyes, those wonderful eyes
Another look in those eyes
For me that would not be wise
For they touch me deep inside

# DAncing Mood

# ANCIENT RIDDIM

Ancient riddim, from ancient times
Got we groovin' bubble and wine
Ancient riddim, from ancient times
Got we moving side by side

Feel the riddim, yea it feels so good
Baby groove with me I'm in the mood

Some girls ina dance dress up ina tight dress
Some a dem dress up African and a favour Empress
With them tall culture clothing and them neat turban
But no matter how dem dress, you know they've got the motion
Is the blood weh a run through we veins so long
Got to move to the riddim cause the urge too strong
Canna siddung one place and the music a beat
Gotta get up on the floor and move those dancing feet

Feel the riddim, yea it feels so good
Baby groove with me I'm in the mood

Ancient riddim, from ancient times
Got we groovin' bubble and wine
Ancient riddim, from ancient times
Got we moving side by side

Feel the riddim, yea it feels so good
Baby groove with me I'm in the mood

Dancing to the music that just lock up inna we genes
It deh from creation if you know what I mean
Mek a joyful noise unto the Most High One
In the Psalms of David, dat a mention
Fi wi dance canna study just affi have the feel
And when the thing sweet man a bawl out... WHEEL.......

And come again.....

# BUBBLE AND WINE

Bubble and wine we ago bubble and wine
Bubble and wine we ago bubble and wine
Bubble and wine we ago bubble and wine
Bubble and wine we ago bubble and wine
Baby hold me tight all through the night
Caw tonight we ago bubble and wine

Meet a lickle lady dung a Half way tree
In her tight dress just a look sexy
When me seh well shape and nuff nuff booty
She have me a spin till me nearly dizzy
Then she look ina me eyes and a smile to me
Seh me ready fi mek a move like a one two three

Bubble and wine..

So I introduce myself fast very politely
Tell her she a look like a real lady
With a woman like her any man would be ready
Wouldn't want nothing more in him life but she

So she smile and a tell me seh me mouth too sweet

But she ready fi mek a move like a one two three

Bubble and wine..

So she tell me seh her name it is Nathaly

And she cannot really badda with a player like me

Mi tell her seh yuh mussa nevah hear me clearly

Gonna treat you like an empress treat you like a lady

Never gonna leave you cause you is my baby

So she come ina me arms like a one two three

Bubble and wine..

# ROCK ME

Rock me, rock me all night long
When the music a bubble, ina dance leggo trouble
When the vibes so high and the music nice
Dub me, dub a roots rock song
When the music a beat and you nah feel no pain
And the sound just a bubble up your brain
Rock me, rock me all night long
Dub me, dub a roots rock song

I said you feel this ya music flowing through ya head
This ya reggae music dreader than dread
I said you feel this ya music flowing through your head
Now it has been done because it has been said

Rock me, rock me all night long
When the drum and the bass just a wind up ya waist
And a dj pon the mic and the vibes so right
Dub me, dub a roots rock song
When ya rock to the music said no gunshot nuffi lick
Cause the vibes deal with peace and love

Rock me, rock me all night long
Dub me, dub a roots rock song

I said you feel this ya music flowing through ya head
This ya reggae music dreader than dread
I said you feel this ya music flowing through your head
Now it has been done because it has been said

I said you feel this ya music flowing through ya head
This ya reggae music dreader than dread
I said you feel this ya music flowing through your head
Now it has been done because it has been said

Ya feel the vibe of the music Jah Jah know ya cyaan refuse it
And ya never want to lose it so better know just how fi use it
Inamix we just a fuse it rock and reggae and a blues it
Seh the young and old a choose it we a caress and never bruise it
Deh pon stage when we a play it, and the truth we just a say it
And when a lie we ago flay it, if it wicked we a slay it
if it heavy we ago weigh it, If a bills we ago pay it,
If a talent we a display it, R.O.C and just a K it

Rock this a music a go rock di land
So when dem hear all the people dem will overstand
Rock this a music a go rock di land
I man have a sound weh name, name brand

Rock me...

# FOR THE RECORD: ONE GANJA TUNE

# FOR THE RECORD

**LEGALIZE MARIHUANA**

From corner to corner, the Idren them a smoke marihuana

Some a dem will roll it in a rizzla while some a dem will light it in a chalwa

Me member dung a country in Jamaica

Light it after breakfast after lunch after dinner

Ina the night when we siddung pon corner

Then hold a Guinness and go mek love to Shawna

So if you love your sensee, put your hand ina the air

And if they criticize me, tell them I don't care

Tell dem fi legalize the marihuana

In the meantime pass me a rizzla

Cause I and I know and I and I tell dem

Yes I and I know and I and I show dem

Fi read up them Scripture and give ises to Jah Jah

For the herb that was given by the Father to open our eyes and mek us wiser

A blessing for those who have asthma, a relief for the people them with cancer

There's no need to suffer from glaucoma and for the masses it will make you smarter

So if you love your sensee, put your hand ina the air

And if they criticize me, tell them I don't care

Tell dem fi legalize the marihuana

In the meantime pass me a rizzla

Cause I and I know and I and I tell dem

Yes I and I know and I and I show dem

Now me drive go up a country ina me navigator

Tell me empress seh me gone me will see her later

Left from town ina the morning pass through Old Harbor

Maypen, Mandeville, that cold, dung a Sav-La-Mar

Destination Westmoreland, mi idren Natty Iya

Ina the whola Jamaica you cyan find nothing better

Better than the dro weh dem sell a Merka

Better than the kalikush from California

So if you love your sensee, put your hand ina the air

And if they criticize me, tell them I don't care

Tell dem fi legalize the marihuana

In the meantime pass me a rizzla

Cause I and I know and I and I tell dem

Yes I and I know and I and I show dem

# If I Speak Out In The Wilderness And No One Hears My Voice, Have I Spoken? Only Jah Knows..

# ABOUT THE AUTHOR

# Robert M. P. Thomas

Robert M. P. Thomas is a Jamaican/Dutch singer/songwriter. He has been writing poetry and song lyrics since his teens. A fervent Reggae and Rastafari aficionado, his lyrics cover a wide range of socio economic issues, from poverty to gun violence, from social injustice to black upliftment as well as chants about Haile Selassie and the Rastafari Livity.

His lyrics are sometimes harsh, sometimes witty, sometimes emotional and endearing but they are always from the heart. In his words: "you can't sit down and decide that you are going to write a lyrics now. I have hundreds of pieces of papers with maybe 4 lines on each.. that's where I was trying to do just that. No sah, lyrics come by themself, from within, and once they come, they flow and will keep flowing"

He has one released Reggae album which he produced, wrote and sang lead vocals on: Inamix - Restore Jah Order. He is known under the aliases of JahRebbel and also Robby Dread.

He has now decided to release a small selection of the lyrics and poems that he has written over the past 40 plus years in book form.

"Better they are out there, cah after me gone, them would a gone too, so now they can stay.."

Printed in Great Britain
by Amazon

79122239R00098